ESTE CUADERNO DE CONTRASEÑAS PERTENECE A

____

____

____

WEB:

CORREO:

USUARIO:

CONTRASEÑA:

NUEVA CONTRASEÑA:

NOTAS:

WEB:

CORREO:

USUARIO:

CONTRASEÑA:

NUEVA CONTRASEÑA:

NOTAS:

WEB:

CORREO:

USUARIO:

CONTRASEÑA:

NUEVA CONTRASEÑA:

NOTAS:

WEB:

CORREO:

USUARIO:

CONTRASEÑA:

NUEVA CONTRASEÑA:

NOTAS:

WEB:

CORREO:

USUARIO:

CONTRASEÑA:

NUEVA CONTRASEÑA:

NOTAS:

WEB:

CORREO:

USUARIO:

CONTRASEÑA:

NUEVA CONTRASEÑA:

NOTAS:

WEB:

CORREO:

USUARIO:

CONTRASEÑA:

NUEVA CONTRASEÑA:

NOTAS:

WEB:

CORREO:

USUARIO:

CONTRASEÑA:

NUEVA CONTRASEÑA:

NOTAS:

WEB:

CORREO:

USUARIO:

CONTRASEÑA:

NUEVA CONTRASEÑA:

NOTAS:

WEB:

CORREO:

USUARIO:

CONTRASEÑA:

NUEVA CONTRASEÑA:

NOTAS:

WEB:

CORREO:

USUARIO:

CONTRASEÑA:

NUEVA CONTRASEÑA:

NOTAS:

WEB:

CORREO:

USUARIO:

CONTRASEÑA:

NUEVA CONTRASEÑA:

NOTAS:

WEB:

CORREO:

USUARIO:

CONTRASEÑA:

NUEVA CONTRASEÑA:

NOTAS:

WEB:

CORREO:

USUARIO:

CONTRASEÑA:

NUEVA CONTRASEÑA:

NOTAS:

WEB:

CORREO:

USUARIO:

CONTRASEÑA:

NUEVA CONTRASEÑA:

NOTAS:

WEB:

CORREO:

USUARIO:

CONTRASEÑA:

NUEVA CONTRASEÑA:

NOTAS:

WEB:

CORREO:

USUARIO:

CONTRASEÑA:

NUEVA CONTRASEÑA:

NOTAS:

WEB:

CORREO:

USUARIO:

CONTRASEÑA:

NUEVA CONTRASEÑA:

NOTAS:

WEB:

CORREO:

USUARIO:

CONTRASEÑA:

NUEVA CONTRASEÑA:

NOTAS:

WEB:

CORREO:

USUARIO:

CONTRASEÑA:

NUEVA CONTRASEÑA:

NOTAS:

WEB:

CORREO:

USUARIO:

CONTRASEÑA:

NUEVA CONTRASEÑA:

NOTAS:

WEB:

CORREO:

USUARIO:

CONTRASEÑA:

NUEVA CONTARSEÑA:

NOTAS:

WEB:

CORREO:

USUARIO:

CONTRASEÑA:

NUEVA CONTARSEÑA:

NOTAS:

WEB:

CORREO:

USUARIO:

CONTRASEÑA:

NUEVA CONTARSEÑA:

NOTAS:

WEB:

CORREO:

USUARIO:

CONTRASEÑA:

NUEVA CONTARSEÑA:

NOTAS:

WEB:

CORREO:

USUARIO:

CONTRASEÑA:

NUEVA CONTARSEÑA:

NOTAS:

WEB:

CORREO:

USUARIO:

CONTRASEÑA:

NUEVA CONTARSEÑA:

NOTAS:

WEB:

CORREO:

USUARIO:

CONTRASEÑA:

NUEVA CONTARSEÑA:

NOTAS:

WEB:

CORREO:

USUARIO:

CONTRASEÑA:

NUEVA CONTARSEÑA:

NOTAS:

WEB:

CORREO:

USUARIO:

CONTRASEÑA:

NUEVA CONTARSEÑA:

NOTAS:

WEB:

CORREO:

USUARIO:

CONTRASEÑA:

NUEVA CONTARSEÑA:

NOTAS:

WEB:

CORREO:

USUARIO:

CONTRASEÑA:

NUEVA CONTARSEÑA:

NOTAS:

WEB:

CORREO:

USUARIO:

CONTRASEÑA:

NUEVA CONTARSEÑA:

NOTAS:

WEB:

CORREO:

USUARIO:

CONTRASEÑA:

NUEVA CONTARSEÑA:

NOTAS:

WEB:

CORREO:

USUARIO:

CONTRASEÑA:

NUEVA CONTARSEÑA:

NOTAS:

WEB:

CORREO:

USUARIO:

CONTRASEÑA:

NUEVA CONTARSEÑA:

NOTAS:

WEB:

CORREO:

USUARIO:

CONTRASEÑA:

NUEVA CONTARSEÑA:

NOTAS:

WEB:

CORREO:

USUARIO:

CONTRASEÑA:

NUEVA CONTARSEÑA:

NOTAS:

WEB:

CORREO:

USUARIO:

CONTRASEÑA:

NUEVA CONTARSEÑA:

NOTAS:

WEB:

CORREO:

USUARIO:

CONTRASEÑA:

NUEVA CONTARSEÑA:

NOTAS:

WEB:

CORREO:

USUARIO:

CONTRASEÑA:

NUEVA CONTARSEÑA:

NOTAS:

WEB:

CORREO:

USUARIO:

CONTRASEÑA:

NUEVA CONTARSEÑA:

NOTAS:

WEB:

CORREO:

USUARIO:

CONTRASEÑA:

NUEVA CONTARSEÑA:

NOTAS:

WEB:

CORREO:

USUARIO:

CONTRASEÑA:

NUEVA CONTARSEÑA:

NOTAS:

WEB:

CORREO:

USUARIO:

CONTRASEÑA:

NUEVA CONTARSEÑA:

NOTAS:

WEB:

CORREO:

USUARIO:

CONTRASEÑA:

NUEVA CONTARSEÑA:

NOTAS:

WEB:

CORREO:

USUARIO:

CONTRASEÑA:

NUEVA CONTARSEÑA:

NOTAS:

WEB:

CORREO:

USUARIO:

CONTRASEÑA:

NUEVA CONTARSEÑA:

NOTAS:

WEB:

CORREO:

USUARIO:

CONTRASEÑA:

NUEVA CONTARSEÑA:

NOTAS:

WEB:

CORREO:

USUARIO:

CONTRASEÑA:

NUEVA CONTARSEÑA:

NOTAS:

WEB:

CORREO:

USUARIO:

CONTRASEÑA:

NUEVA CONTARSEÑA:

NOTAS:

WEB:

CORREO:

USUARIO:

CONTRASEÑA:

NUEVA CONTARSEÑA:

NOTAS:

WEB:

CORREO:

USUARIO:

CONTRASEÑA:

NUEVA CONTARSEÑA:

NOTAS:

WEB:

CORREO:

USUARIO:

CONTRASEÑA:

NUEVA CONTARSEÑA:

NOTAS:

WEB:

CORREO:

USUARIO:

CONTRASEÑA:

NUEVA CONTARSEÑA:

NOTAS:

WEB:

CORREO:

USUARIO:

CONTRASEÑA:

NUEVA CONTARSEÑA:

NOTAS:

WEB:

CORREO:

USUARIO:

CONTRASEÑA:

NUEVA CONTARSEÑA:

NOTAS:

WEB:

CORREO:

USUARIO:

CONTRASEÑA:

NUEVA CONTARSEÑA:

NOTAS:

WEB:

CORREO:

USUARIO:

CONTRASEÑA:

NUEVA CONTARSEÑA:

NOTAS:

WEB:

CORREO:

USUARIO:

CONTRASEÑA:

NUEVA CONTARSEÑA:

NOTAS:

WEB:

CORREO:

USUARIO:

CONTRASEÑA:

NUEVA CONTARSEÑA:

NOTAS:

WEB:

CORREO:

USUARIO:

CONTRASEÑA:

NUEVA CONTARSEÑA:

NOTAS:

WEB:

CORREO:

USUARIO:

CONTRASEÑA:

NUEVA CONTARSEÑA:

NOTAS:

WEB:

CORREO:

USUARIO:

CONTRASEÑA:

NUEVA CONTARSEÑA:

NOTAS:

WEB:

CORREO:

USUARIO:

CONTRASEÑA:

NUEVA CONTARSEÑA:

NOTAS:

WEB:

CORREO:

USUARIO:

CONTRASEÑA:

NUEVA CONTARSEÑA:

NOTAS:

WEB:

CORREO:

USUARIO:

CONTRASEÑA:

NUEVA CONTARSEÑA:

NOTAS:

WEB:

CORREO:

USUARIO:

CONTRASEÑA:

NUEVA CONTARSEÑA:

NOTAS:

WEB:

CORREO:

USUARIO:

CONTRASEÑA:

NUEVA CONTARSEÑA:

NOTAS:

WEB:

CORREO:

USUARIO:

CONTRASEÑA:

NUEVA CONTARSEÑA:

NOTAS:

WEB:

CORREO:

USUARIO:

CONTRASEÑA:

NUEVA CONTARSEÑA:

NOTAS:

WEB:

CORREO:

USUARIO:

CONTRASEÑA:

NUEVA CONTARSEÑA:

NOTAS:

WEB:

CORREO:

USUARIO:

CONTRASEÑA:

NUEVA CONTARSEÑA:

NOTAS:

WEB:

CORREO:

USUARIO:

CONTRASEÑA:

NUEVA CONTARSEÑA:

NOTAS:

WEB:

CORREO:

USUARIO:

CONTRASEÑA:

NUEVA CONTARSEÑA:

NOTAS:

WEB:

CORREO:

USUARIO:

CONTRASEÑA:

NUEVA CONTARSEÑA:

NOTAS:

WEB:

CORREO:

USUARIO:

CONTRASEÑA:

NUEVA CONTARSEÑA:

NOTAS:

WEB:

CORREO:

USUARIO:

CONTRASEÑA:

NUEVA CONTARSEÑA:

NOTAS:

WEB:

CORREO:

USUARIO:

CONTRASEÑA:

NUEVA CONTARSEÑA:

NOTAS:

WEB:

CORREO:

USUARIO:

CONTRASEÑA:

NUEVA CONTARSEÑA:

NOTAS:

WEB:

CORREO:

USUARIO:

CONTRASEÑA:

NUEVA CONTARSEÑA:

NOTAS:

WEB:

CORREO:

USUARIO:

CONTRASEÑA:

NUEVA CONTARSEÑA:

NOTAS:

WEB:

CORREO:

USUARIO:

CONTRASEÑA:

NUEVA CONTARSEÑA:

NOTAS:

WEB:

CORREO:

USUARIO:

CONTRASEÑA:

NUEVA CONTARSEÑA:

NOTAS:

WEB:

CORREO:

USUARIO:

CONTRASEÑA:

NUEVA CONTARSEÑA:

NOTAS:

WEB:

CORREO:

USUARIO:

CONTRASEÑA:

NUEVA CONTARSEÑA:

NOTAS:

WEB:

CORREO:

USUARIO:

CONTRASEÑA:

NUEVA CONTARSEÑA:

NOTAS:

WEB:

CORREO:

USUARIO:

CONTRASEÑA:

NUEVA CONTARSEÑA:

NOTAS:

WEB:

CORREO:

USUARIO:

CONTRASEÑA:

NUEVA CONTARSEÑA:

NOTAS:

WEB:

CORREO:

USUARIO:

CONTRASEÑA:

NUEVA CONTARSEÑA:

NOTAS:

WEB:

CORREO:

USUARIO:

CONTRASEÑA:

NUEVA CONTARSEÑA:

NOTAS:

WEB:

CORREO:

USUARIO:

CONTRASEÑA:

NUEVA CONTARSEÑA:

NOTAS:

WEB:

CORREO:

USUARIO:

CONTRASEÑA:

NUEVA CONTARSEÑA:

NOTAS:

WEB:

CORREO:

USUARIO:

CONTRASEÑA:

NUEVA CONTARSEÑA:

NOTAS:

WEB:

CORREO:

USUARIO:

CONTRASEÑA:

NUEVA CONTARSEÑA:

NOTAS:

WEB:

CORREO:

USUARIO:

CONTRASEÑA:

NUEVA CONTARSEÑA:

NOTAS:

WEB:

CORREO:

USUARIO:

CONTRASEÑA:

NUEVA CONTARSEÑA:

NOTAS:

WEB:

CORREO:

USUARIO:

CONTRASEÑA:

NUEVA CONTARSEÑA:

NOTAS:

WEB:

CORREO:

USUARIO:

CONTRASEÑA:

NUEVA CONTARSEÑA:

NOTAS:

WEB:

CORREO:

USUARIO:

CONTRASEÑA:

NUEVA CONTARSEÑA:

NOTAS:

WEB:

CORREO:

USUARIO:

CONTRASEÑA:

NUEVA CONTARSEÑA:

NOTAS:

WEB:

CORREO:

USUARIO:

CONTRASEÑA:

NUEVA CONTARSEÑA:

NOTAS:

WEB:

CORREO:

USUARIO:

CONTRASEÑA:

NUEVA CONTARSEÑA:

NOTAS:

WEB:

CORREO:

USUARIO:

CONTRASEÑA:

NUEVA CONTARSEÑA:

NOTAS:

WEB:

CORREO:

USUARIO:

CONTRASEÑA:

NUEVA CONTARSEÑA:

NOTAS:

WEB:

CORREO:

USUARIO:

CONTRASEÑA:

NUEVA CONTARSEÑA:

NOTAS:

WEB:

CORREO:

USUARIO:

CONTRASEÑA:

NUEVA CONTARSEÑA:

NOTAS:

WEB:

CORREO:

USUARIO:

CONTRASEÑA:

NUEVA CONTARSEÑA:

NOTAS:

WEB:

CORREO:

USUARIO:

CONTRASEÑA:

NUEVA CONTARSEÑA:

NOTAS:

WEB:

CORREO:

USUARIO:

CONTRASEÑA:

NUEVA CONTARSEÑA:

NOTAS:

WEB:

CORREO:

USUARIO:

CONTRASEÑA:

NUEVA CONTARSEÑA:

NOTAS:

WEB:

CORREO:

USUARIO:

CONTRASEÑA:

NUEVA CONTARSEÑA:

NOTAS:

WEB:

CORREO:

USUARIO:

CONTRASEÑA:

NUEVA CONTARSEÑA:

NOTAS:

WEB:

CORREO:

USUARIO:

CONTRASEÑA:

NUEVA CONTARSEÑA:

NOTAS:

WEB:

CORREO:

USUARIO:

CONTRASEÑA:

NUEVA CONTARSEÑA:

NOTAS:

WEB:

CORREO:

USUARIO:

CONTRASEÑA:

NUEVA CONTARSEÑA:

NOTAS:

WEB:

CORREO:

USUARIO:

CONTRASEÑA:

NUEVA CONTARSEÑA:

NOTAS:

WEB:

CORREO:

USUARIO:

CONTRASEÑA:

NUEVA CONTARSEÑA:

NOTAS:

WEB:

CORREO:

USUARIO:

CONTRASEÑA:

NUEVA CONTARSEÑA:

NOTAS:

WEB:

CORREO:

USUARIO:

CONTRASEÑA:

NUEVA CONTARSEÑA:

NOTAS:

WEB:

CORREO:

USUARIO:

CONTRASEÑA:

NUEVA CONTARSEÑA:

NOTAS:

WEB:

CORREO:

USUARIO:

CONTRASEÑA:

NUEVA CONTARSEÑA:

NOTAS:

WEB:

CORREO:

USUARIO:

CONTRASEÑA:

NUEVA CONTARSEÑA:

NOTAS:

WEB:

CORREO:

USUARIO:

CONTRASEÑA:

NUEVA CONTARSEÑA:

NOTAS:

WEB:

CORREO:

USUARIO:

CONTRASEÑA:

NUEVA CONTARSEÑA:

NOTAS:

WEB:

CORREO:

USUARIO:

CONTRASEÑA:

NUEVA CONTARSEÑA:

NOTAS:

WEB:

CORREO:

USUARIO:

CONTRASEÑA:

NUEVA CONTARSEÑA:

NOTAS:

WEB:

CORREO:

USUARIO:

CONTRASEÑA:

NUEVA CONTARSEÑA:

NOTAS:

WEB:

CORREO:

USUARIO:

CONTRASEÑA:

NUEVA CONTARSEÑA:

NOTAS:

WEB:

CORREO:

USUARIO:

CONTRASEÑA:

NUEVA CONTARSEÑA:

NOTAS:

WEB:

CORREO:

USUARIO:

CONTRASEÑA:

NUEVA CONTARSEÑA:

NOTAS:

WEB:

CORREO:

USUARIO:

CONTRASEÑA:

NUEVA CONTARSEÑA:

NOTAS:

WEB:

CORREO:

USUARIO:

CONTRASEÑA:

NUEVA CONTARSEÑA:

NOTAS:

WEB:

CORREO:

USUARIO:

CONTRASEÑA:

NUEVA CONTARSEÑA:

NOTAS:

WEB:

CORREO:

USUARIO:

CONTRASEÑA:

NUEVA CONTARSEÑA:

NOTAS:

WEB:

CORREO:

USUARIO:

CONTRASEÑA:

NUEVA CONTARSEÑA:

NOTAS:

WEB:

CORREO:

USUARIO:

CONTRASEÑA:

NUEVA CONTARSEÑA:

NOTAS:

WEB:

CORREO:

USUARIO:

CONTRASEÑA:

NUEVA CONTARSEÑA:

NOTAS:

WEB:

CORREO:

USUARIO:

CONTRASEÑA:

NUEVA CONTARSEÑA:

NOTAS:

WEB:

CORREO:

USUARIO:

CONTRASEÑA:

NUEVA CONTARSEÑA:

NOTAS:

WEB:

CORREO:

USUARIO:

CONTRASEÑA:

NUEVA CONTARSEÑA:

NOTAS:

WEB:

CORREO:

USUARIO:

CONTRASEÑA:

NUEVA CONTARSEÑA:

NOTAS:

WEB:

CORREO:

USUARIO:

CONTRASEÑA:

NUEVA CONTARSEÑA:

NOTAS:

WEB:

CORREO:

USUARIO:

CONTRASEÑA:

NUEVA CONTARSEÑA:

NOTAS:

WEB:

CORREO:

USUARIO:

CONTRASEÑA:

NUEVA CONTARSEÑA:

NOTAS:

WEB:

CORREO:

USUARIO:

CONTRASEÑA:

NUEVA CONTARSEÑA:

NOTAS:

WEB:

CORREO:

USUARIO:

CONTRASEÑA:

NUEVA CONTARSEÑA:

NOTAS:

WEB:

CORREO:

USUARIO:

CONTRASEÑA:

NUEVA CONTARSEÑA:

NOTAS:

WEB:

CORREO:

USUARIO:

CONTRASEÑA:

NUEVA CONTARSEÑA:

NOTAS:

WEB:

CORREO:

USUARIO:

CONTRASEÑA:

NUEVA CONTARSEÑA:

NOTAS:

WEB:

CORREO:

USUARIO:

CONTRASEÑA:

NUEVA CONTARSEÑA:

NOTAS:

WEB:

CORREO:

USUARIO:

CONTRASEÑA:

NUEVA CONTARSEÑA:

NOTAS:

WEB:

CORREO:

USUARIO:

CONTRASEÑA:

NUEVA CONTARSEÑA:

NOTAS:

WEB:

CORREO:

USUARIO:

CONTRASEÑA:

NUEVA CONTARSEÑA:

NOTAS:

WEB:

CORREO:

USUARIO:

CONTRASEÑA:

NUEVA CONTARSEÑA:

NOTAS:

WEB:

CORREO:

USUARIO:

CONTRASEÑA:

NUEVA CONTARSEÑA:

NOTAS:

WEB:

CORREO:

USUARIO:

CONTRASEÑA:

NUEVA CONTARSEÑA:

NOTAS:

WEB:

CORREO:

USUARIO:

CONTRASEÑA:

NUEVA CONTARSEÑA:

NOTAS:

WEB:

CORREO:

USUARIO:

CONTRASEÑA:

NUEVA CONTARSEÑA:

NOTAS:

WEB:

CORREO:

USUARIO:

CONTRASEÑA:

NUEVA CONTARSEÑA:

NOTAS:

WEB:

CORREO:

USUARIO:

CONTRASEÑA:

NUEVA CONTARSEÑA:

NOTAS:

WEB:

CORREO:

USUARIO:

CONTRASEÑA:

NUEVA CONTARSEÑA:

NOTAS:

WEB:

CORREO:

USUARIO:

CONTRASEÑA:

NUEVA CONTARSEÑA:

NOTAS:

WEB:

CORREO:

USUARIO:

CONTRASEÑA:

NUEVA CONTARSEÑA:

NOTAS:

WEB:

CORREO:

USUARIO:

CONTRASEÑA:

NUEVA CONTARSEÑA:

NOTAS:

WEB:

CORREO:

USUARIO:

CONTRASEÑA:

NUEVA CONTARSEÑA:

NOTAS:

WEB:

CORREO:

USUARIO:

CONTRASEÑA:

NUEVA CONTARSEÑA:

NOTAS:

WEB:

CORREO:

USUARIO:

CONTRASEÑA:

NUEVA CONTARSEÑA:

NOTAS:

WEB:

CORREO:

USUARIO:

CONTRASEÑA:

NUEVA CONTARSEÑA:

NOTAS:

WEB:

CORREO:

USUARIO:

CONTRASEÑA:

NUEVA CONTARSEÑA:

NOTAS:

WEB:

CORREO:

USUARIO:

CONTRASEÑA:

NUEVA CONTARSEÑA:

NOTAS:

WEB:

CORREO:

USUARIO:

CONTRASEÑA:

NUEVA CONTARSEÑA:

NOTAS:

WEB:

CORREO:

USUARIO:

CONTRASEÑA:

NUEVA CONTARSEÑA:

NOTAS:

WEB:

CORREO:

USUARIO:

CONTRASEÑA:

NUEVA CONTARSEÑA:

NOTAS:

WEB:

CORREO:

USUARIO:

CONTRASEÑA:

NUEVA CONTARSEÑA:

NOTAS:

WEB:

CORREO:

USUARIO:

CONTRASEÑA:

NUEVA CONTARSEÑA:

NOTAS:

WEB:

CORREO:

USUARIO:

CONTRASEÑA:

NUEVA CONTARSEÑA:

NOTAS:

WEB:

CORREO:

USUARIO:

CONTRASEÑA:

NUEVA CONTARSEÑA:

NOTAS:

WEB:

CORREO:

USUARIO:

CONTRASEÑA:

NUEVA CONTARSEÑA:

NOTAS:

WEB:

CORREO:

USUARIO:

CONTRASEÑA:

NUEVA CONTARSEÑA:

NOTAS:

WEB:

CORREO:

USUARIO:

CONTRASEÑA:

NUEVA CONTARSEÑA:

NOTAS:

WEB:

CORREO:

USUARIO:

CONTRASEÑA:

NUEVA CONTARSEÑA:

NOTAS:

WEB:

CORREO:

USUARIO:

CONTRASEÑA:

NUEVA CONTARSEÑA:

NOTAS:

WEB:

CORREO:

USUARIO:

CONTRASEÑA:

NUEVA CONTARSEÑA:

NOTAS:

WEB:

CORREO:

USUARIO:

CONTRASEÑA:

NUEVA CONTARSEÑA:

NOTAS:

WEB:

CORREO:

USUARIO:

CONTRASEÑA:

NUEVA CONTARSEÑA:

NOTAS:

WEB:

CORREO:

USUARIO:

CONTRASEÑA:

NUEVA CONTARSEÑA:

NOTAS:

WEB:

CORREO:

USUARIO:

CONTRASEÑA:

NUEVA CONTARSEÑA:

NOTAS:

WEB:

CORREO:

USUARIO:

CONTRASEÑA:

NUEVA CONTARSEÑA:

NOTAS:

WEB:

CORREO:

USUARIO:

CONTRASEÑA:

NUEVA CONTARSEÑA:

NOTAS:

WEB:

CORREO:

USUARIO:

CONTRASEÑA:

NUEVA CONTARSEÑA:

NOTAS:

WEB:

CORREO:

USUARIO:

CONTRASEÑA:

NUEVA CONTARSEÑA:

NOTAS:

WEB:

CORREO:

USUARIO:

CONTRASEÑA:

NUEVA CONTARSEÑA:

NOTAS:

WEB:

CORREO:

USUARIO:

CONTRASEÑA:

NUEVA CONTARSEÑA:

NOTAS:

WEB:

CORREO:

USUARIO:

CONTRASEÑA:

NUEVA CONTARSEÑA:

NOTAS:

WEB:

CORREO:

USUARIO:

CONTRASEÑA:

NUEVA CONTARSEÑA:

NOTAS:

WEB:

CORREO:

USUARIO:

CONTRASEÑA:

NUEVA CONTARSEÑA:

NOTAS:

WEB:

CORREO:

USUARIO:

CONTRASEÑA:

NUEVA CONTARSEÑA:

NOTAS:

WEB:

CORREO:

USUARIO:

CONTRASEÑA:

NUEVA CONTARSEÑA:

NOTAS:

WEB:

CORREO:

USUARIO:

CONTRASEÑA:

NUEVA CONTARSEÑA:

NOTAS:

WEB:

CORREO:

USUARIO:

CONTRASEÑA:

NUEVA CONTARSEÑA:

NOTAS:

WEB:

CORREO:

USUARIO:

CONTRASEÑA:

NUEVA CONTARSEÑA:

NOTAS:

WEB:

CORREO:

USUARIO:

CONTRASEÑA:

NUEVA CONTARSEÑA:

NOTAS:

WEB:

CORREO:

USUARIO:

CONTRASEÑA:

NUEVA CONTARSEÑA:

NOTAS:

WEB:

CORREO:

USUARIO:

CONTRASEÑA:

NUEVA CONTARSEÑA:

NOTAS:

WEB:

CORREO:

USUARIO:

CONTRASEÑA:

NUEVA CONTARSEÑA:

NOTAS:

WEB:

CORREO:

USUARIO:

CONTRASEÑA:

NUEVA CONTARSEÑA:

NOTAS:

WEB:

CORREO:

USUARIO:

CONTRASEÑA:

NUEVA CONTARSEÑA:

NOTAS:

WEB:

CORREO:

USUARIO:

CONTRASEÑA:

NUEVA CONTARSEÑA:

NOTAS:

WEB:

CORREO:

USUARIO:

CONTRASEÑA:

NUEVA CONTARSEÑA:

NOTAS:

WEB:

CORREO:

USUARIO:

CONTRASEÑA:

NUEVA CONTARSEÑA:

NOTAS:

WEB:

CORREO:

USUARIO:

CONTRASEÑA:

NUEVA CONTARSEÑA:

NOTAS:

WEB:

CORREO:

USUARIO:

CONTRASEÑA:

NUEVA CONTARSEÑA:

NOTAS:

WEB:

CORREO:

USUARIO:

CONTRASEÑA:

NUEVA CONTARSEÑA:

NOTAS:

WEB:

CORREO:

USUARIO:

CONTRASEÑA:

NUEVA CONTARSEÑA:

NOTAS:

WEB:

CORREO:

USUARIO:

CONTRASEÑA:

NUEVA CONTARSEÑA:

NOTAS:

WEB:

CORREO:

USUARIO:

CONTRASEÑA:

NUEVA CONTARSEÑA:

NOTAS:

WEB:

CORREO:

USUARIO:

CONTRASEÑA:

NUEVA CONTARSEÑA:

NOTAS:

WEB:

CORREO:

USUARIO:

CONTRASEÑA:

NUEVA CONTARSEÑA:

NOTAS:

WEB:

CORREO:

USUARIO:

CONTRASEÑA:

NUEVA CONTARSEÑA:

NOTAS:

WEB:

CORREO:

USUARIO:

CONTRASEÑA:

NUEVA CONTARSEÑA:

NOTAS:

WEB:

CORREO:

USUARIO:

CONTRASEÑA:

NUEVA CONTARSEÑA:

NOTAS:

WEB:

CORREO:

USUARIO:

CONTRASEÑA:

NUEVA CONTARSEÑA:

NOTAS:

WEB:

CORREO:

USUARIO:

CONTRASEÑA:

NUEVA CONTARSEÑA:

NOTAS:

WEB:

CORREO:

USUARIO:

CONTRASEÑA:

NUEVA CONTARSEÑA:

NOTAS:

WEB:

CORREO:

USUARIO:

CONTRASEÑA:

NUEVA CONTARSEÑA:

NOTAS:

WEB:

CORREO:

USUARIO:

CONTRASEÑA:

NUEVA CONTARSEÑA:

NOTAS:

WEB:

CORREO:

USUARIO:

CONTRASEÑA:

NUEVA CONTARSEÑA:

NOTAS:

WEB:

CORREO:

USUARIO:

CONTRASEÑA:

NUEVA CONTARSEÑA:

NOTAS:

WEB:

CORREO:

USUARIO:

CONTRASEÑA:

NUEVA CONTARSEÑA:

NOTAS:

WEB:

CORREO:

USUARIO:

CONTRASEÑA:

NUEVA CONTARSEÑA:

NOTAS:

WEB:

CORREO:

USUARIO:

CONTRASEÑA:

NUEVA CONTARSEÑA:

NOTAS:

WEB:

CORREO:

USUARIO:

CONTRASEÑA:

NUEVA CONTARSEÑA:

NOTAS:

WEB:

CORREO:

USUARIO:

CONTRASEÑA:

NUEVA CONTARSEÑA:

NOTAS:

WEB:

CORREO:

USUARIO:

CONTRASEÑA:

NUEVA CONTARSEÑA:

NOTAS:

WEB:

CORREO:

USUARIO:

CONTRASEÑA:

NUEVA CONTARSEÑA:

NOTAS:

WEB:

CORREO:

USUARIO:

CONTRASEÑA:

NUEVA CONTARSEÑA:

NOTAS:

WEB:

CORREO:

USUARIO:

CONTRASEÑA:

NUEVA CONTARSEÑA:

NOTAS:

WEB:

CORREO:

USUARIO:

CONTRASEÑA:

NUEVA CONTARSEÑA:

NOTAS:

WEB:

CORREO:

USUARIO:

CONTRASEÑA:

NUEVA CONTARSEÑA:

NOTAS:

WEB:

CORREO:

USUARIO:

CONTRASEÑA:

NUEVA CONTARSEÑA:

NOTAS:

WEB:

CORREO:

USUARIO:

CONTRASEÑA:

NUEVA CONTARSEÑA:

NOTAS:

WEB:

CORREO:

USUARIO:

CONTRASEÑA:

NUEVA CONTARSEÑA:

NOTAS:

WEB:

CORREO:

USUARIO:

CONTRASEÑA:

NUEVA CONTARSEÑA:

NOTAS:

WEB:

CORREO:

USUARIO:

CONTRASEÑA:

NUEVA CONTARSEÑA:

NOTAS:

WEB:

CORREO:

USUARIO:

CONTRASEÑA:

NUEVA CONTARSEÑA:

NOTAS:

WEB:

CORREO:

USUARIO:

CONTRASEÑA:

NUEVA CONTARSEÑA:

NOTAS:

WEB:

CORREO:

USUARIO:

CONTRASEÑA:

NUEVA CONTARSEÑA:

NOTAS:

WEB:

CORREO:

USUARIO:

CONTRASEÑA:

NUEVA CONTARSEÑA:

NOTAS:

WEB:

CORREO:

USUARIO:

CONTRASEÑA:

NUEVA CONTARSEÑA:

NOTAS:

WEB:

CORREO:

USUARIO:

CONTRASEÑA:

NUEVA CONTARSEÑA:

NOTAS:

WEB:

CORREO:

USUARIO:

CONTRASEÑA:

NUEVA CONTARSEÑA:

NOTAS:

WEB:

CORREO:

USUARIO:

CONTRASEÑA:

NUEVA CONTARSEÑA:

NOTAS:

WEB:

CORREO:

USUARIO:

CONTRASEÑA:

NUEVA CONTARSEÑA:

NOTAS:

WEB:

CORREO:

USUARIO:

CONTRASEÑA:

NUEVA CONTARSEÑA:

NOTAS:

WEB:

CORREO:

USUARIO:

CONTRASEÑA:

NUEVA CONTARSEÑA:

NOTAS:

WEB:

CORREO:

USUARIO:

CONTRASEÑA:

NUEVA CONTARSEÑA:

NOTAS:

WEB:

CORREO:

USUARIO:

CONTRASEÑA:

NUEVA CONTARSEÑA:

NOTAS:

WEB:

CORREO:

USUARIO:

CONTRASEÑA:

NUEVA CONTARSEÑA:

NOTAS:

WEB:

CORREO:

USUARIO:

CONTRASEÑA:

NUEVA CONTARSEÑA:

NOTAS:

WEB:

CORREO:

USUARIO:

CONTRASEÑA:

NUEVA CONTARSEÑA:

NOTAS:

WEB:

CORREO:

USUARIO:

CONTRASEÑA:

NUEVA CONTARSEÑA:

NOTAS:

WEB:

CORREO:

USUARIO:

CONTRASEÑA:

NUEVA CONTARSEÑA:

NOTAS:

WEB:

CORREO:

USUARIO:

CONTRASEÑA:

NUEVA CONTARSEÑA:

NOTAS:

WEB:

CORREO:

USUARIO:

CONTRASEÑA:

NUEVA CONTARSEÑA:

NOTAS:

WEB:

CORREO:

USUARIO:

CONTRASEÑA:

NUEVA CONTARSEÑA:

NOTAS:

WEB:

CORREO:

USUARIO:

CONTRASEÑA:

NUEVA CONTARSEÑA:

NOTAS:

WEB:

CORREO:

USUARIO:

CONTRASEÑA:

NUEVA CONTARSEÑA:

NOTAS:

WEB:

CORREO:

USUARIO:

CONTRASEÑA:

NUEVA CONTARSEÑA:

NOTAS:

WEB:

CORREO:

USUARIO:

CONTRASEÑA:

NUEVA CONTARSEÑA:

NOTAS:

WEB:

CORREO:

USUARIO:

CONTRASEÑA:

NUEVA CONTARSEÑA:

NOTAS:

WEB:

CORREO:

USUARIO:

CONTRASEÑA:

NUEVA CONTARSEÑA:

NOTAS:

WEB:

CORREO:

USUARIO:

CONTRASEÑA:

NUEVA CONTARSEÑA:

NOTAS:

WEB:

CORREO:

USUARIO:

CONTRASEÑA:

NUEVA CONTARSEÑA:

NOTAS:

WEB:

CORREO:

USUARIO:

CONTRASEÑA:

NUEVA CONTARSEÑA:

NOTAS:

WEB:

CORREO:

USUARIO:

CONTRASEÑA:

NUEVA CONTARSEÑA:

NOTAS:

WEB:

CORREO:

USUARIO:

CONTRASEÑA:

NUEVA CONTARSEÑA:

NOTAS:

WEB:

CORREO:

USUARIO:

CONTRASEÑA:

NUEVA CONTARSEÑA:

NOTAS:

WEB:

CORREO:

USUARIO:

CONTRASEÑA:

NUEVA CONTARSEÑA:

NOTAS:

WEB:

CORREO:

USUARIO:

CONTRASEÑA:

NUEVA CONTARSEÑA:

NOTAS:

WEB:

CORREO:

USUARIO:

CONTRASEÑA:

NUEVA CONTARSEÑA:

NOTAS:

WEB:

CORREO:

USUARIO:

CONTRASEÑA:

NUEVA CONTARSEÑA:

NOTAS:

WEB:

CORREO:

USUARIO:

CONTRASEÑA:

NUEVA CONTARSEÑA:

NOTAS:

WEB:

CORREO:

USUARIO:

CONTRASEÑA:

NUEVA CONTARSEÑA:

NOTAS:

WEB:

CORREO:

USUARIO:

CONTRASEÑA:

NUEVA CONTARSEÑA:

NOTAS:

WEB:

CORREO:

USUARIO:

CONTRASEÑA:

NUEVA CONTARSEÑA:

NOTAS:

WEB:

CORREO:

USUARIO:

CONTRASEÑA:

NUEVA CONTARSEÑA:

NOTAS:

WEB:

CORREO:

USUARIO:

CONTRASEÑA:

NUEVA CONTARSEÑA:

NOTAS:

WEB:

CORREO:

USUARIO:

CONTRASEÑA:

NUEVA CONTARSEÑA:

NOTAS:

WEB:

CORREO:

USUARIO:

CONTRASEÑA:

NUEVA CONTARSEÑA:

NOTAS:

WEB:

CORREO:

USUARIO:

CONTRASEÑA:

NUEVA CONTARSEÑA:

NOTAS:

WEB:

CORREO:

USUARIO:

CONTRASEÑA:

NUEVA CONTARSEÑA:

NOTAS:

WEB:

CORREO:

USUARIO:

CONTRASEÑA:

NUEVA CONTARSEÑA:

NOTAS:

WEB:

CORREO:

USUARIO:

CONTRASEÑA:

NUEVA CONTARSEÑA:

NOTAS:

WEB:

CORREO:

USUARIO:

CONTRASEÑA:

NUEVA CONTARSEÑA:

NOTAS:

WEB:

CORREO:

USUARIO:

CONTRASEÑA:

NUEVA CONTARSEÑA:

NOTAS:

WEB:

CORREO:

USUARIO:

CONTRASEÑA:

NUEVA CONTARSEÑA:

NOTAS:

WEB:

CORREO:

USUARIO:

CONTRASEÑA:

NUEVA CONTARSEÑA:

NOTAS:

WEB:

CORREO:

USUARIO:

CONTRASEÑA:

NUEVA CONTARSEÑA:

NOTAS:

WEB:

CORREO:

USUARIO:

CONTRASEÑA:

NUEVA CONTARSEÑA:

NOTAS:

WEB:

CORREO:

USUARIO:

CONTRASEÑA:

NUEVA CONTARSEÑA:

NOTAS:

WEB:

CORREO:

USUARIO:

CONTRASEÑA:

NUEVA CONTARSEÑA:

NOTAS:

WEB:

CORREO:

USUARIO:

CONTRASEÑA:

NUEVA CONTARSEÑA:

NOTAS:

WEB:

CORREO:

USUARIO:

CONTRASEÑA:

NUEVA CONTARSEÑA:

NOTAS:

WEB:

CORREO:

USUARIO:

CONTRASEÑA:

NUEVA CONTARSEÑA:

NOTAS:

WEB:

CORREO:

USUARIO:

CONTRASEÑA:

NUEVA CONTARSEÑA:

NOTAS:

WEB:

CORREO:

USUARIO:

CONTRASEÑA:

NUEVA CONTARSEÑA:

NOTAS:

WEB:

CORREO:

USUARIO:

CONTRASEÑA:

NUEVA CONTARSEÑA:

NOTAS:

WEB:

CORREO:

USUARIO:

CONTRASEÑA:

NUEVA CONTARSEÑA:

NOTAS:

WEB:

CORREO:

USUARIO:

CONTRASEÑA:

NUEVA CONTRASEÑA:

NOTAS:

WEB:

CORREO:

USUARIO:

CONTRASEÑA:

NUEVA CONTRASEÑA:

NOTAS:

WEB:

CORREO:

USUARIO:

CONTRASEÑA:

NUEVA CONTRASEÑA:

NOTAS:

MÁS PÁGINAS SIN ORDEN ALFABÉTICO

WEB:

CORREO:

USUARIO:

CONTRASEÑA:

NUEVA CONTARSEÑA:

NOTAS:

WEB:

CORREO:

USUARIO:

CONTRASEÑA:

NUEVA CONTARSEÑA:

NOTAS:

WEB:

CORREO:

USUARIO:

CONTRASEÑA:

NUEVA CONTARSEÑA:

NOTAS:

WEB:

CORREO:

USUARIO:

CONTRASEÑA:

NUEVA CONTARSEÑA:

NOTAS:

WEB:

CORREO:

USUARIO:

CONTRASEÑA:

NUEVA CONTARSEÑA:

NOTAS:

WEB:

CORREO:

USUARIO:

CONTRASEÑA:

NUEVA CONTARSEÑA:

NOTAS:

WEB:

CORREO:

USUARIO:

CONTRASEÑA:

NUEVA CONTARSEÑA:

NOTAS:

WEB:

CORREO:

USUARIO:

CONTRASEÑA:

NUEVA CONTARSEÑA:

NOTAS:

WEB:

CORREO:

USUARIO:

CONTRASEÑA:

NUEVA CONTARSEÑA:

NOTAS:

WEB:

CORREO:

USUARIO:

CONTRASEÑA:

NUEVA CONTARSEÑA:

NOTAS:

WEB:

CORREO:

USUARIO:

CONTRASEÑA:

NUEVA CONTARSEÑA:

NOTAS:

WEB:

CORREO:

USUARIO:

CONTRASEÑA:

NUEVA CONTARSEÑA:

NOTAS:

WEB:

CORREO:

USUARIO:

CONTRASEÑA:

NUEVA CONTARSEÑA:

NOTAS:

WEB:

CORREO:

USUARIO:

CONTRASEÑA:

NUEVA CONTARSEÑA:

NOTAS:

WEB:

CORREO:

USUARIO:

CONTRASEÑA:

NUEVA CONTARSEÑA:

NOTAS:

WEB:

CORREO:

USUARIO:

CONTRASEÑA:

NUEVA CONTARSEÑA:

NOTAS:

WEB:

CORREO:

USUARIO:

CONTRASEÑA:

NUEVA CONTARSEÑA:

NOTAS:

WEB:

CORREO:

USUARIO:

CONTRASEÑA:

NUEVA CONTARSEÑA:

NOTAS:

WEB:

CORREO:

USUARIO:

CONTRASEÑA:

NUEVA CONTARSEÑA:

NOTAS:

WEB:

CORREO:

USUARIO:

CONTRASEÑA:

NUEVA CONTARSEÑA:

NOTAS:

WEB:

CORREO:

USUARIO:

CONTRASEÑA:

NUEVA CONTARSEÑA:

NOTAS:

WEB:

CORREO:

USUARIO:

CONTRASEÑA:

NUEVA CONTARSEÑA:

NOTAS:

WEB:

CORREO:

USUARIO:

CONTRASEÑA:

NUEVA CONTARSEÑA:

NOTAS:

WEB:

CORREO:

USUARIO:

CONTRASEÑA:

NUEVA CONTARSEÑA:

NOTAS:

WEB:

CORREO:

USUARIO:

CONTRASEÑA:

NUEVA CONTARSEÑA:

NOTAS:

WEB:

CORREO:

USUARIO:

CONTRASEÑA:

NUEVA CONTARSEÑA:

NOTAS:

WEB:

CORREO:

USUARIO:

CONTRASEÑA:

NUEVA CONTARSEÑA:

NOTAS:

WEB:

CORREO:

USUARIO:

CONTRASEÑA:

NUEVA CONTARSEÑA:

NOTAS:

WEB:

CORREO:

USUARIO:

CONTRASEÑA:

NUEVA CONTARSEÑA:

NOTAS:

WEB:

CORREO:

USUARIO:

CONTRASEÑA:

NUEVA CONTARSEÑA:

NOTAS:

WEB:

CORREO:

USUARIO:

CONTRASEÑA:

NUEVA CONTARSEÑA:

NOTAS:

WEB:

CORREO:

USUARIO:

CONTRASEÑA:

NUEVA CONTARSEÑA:

NOTAS:

WEB:

CORREO:

USUARIO:

CONTRASEÑA:

NUEVA CONTARSEÑA:

NOTAS:

WEB:

CORREO:

USUARIO:

CONTRASEÑA:

NUEVA CONTARSEÑA:

NOTAS:

WEB:

CORREO:

USUARIO:

CONTRASEÑA:

NUEVA CONTARSEÑA:

NOTAS:

WEB:

CORREO:

USUARIO:

CONTRASEÑA:

NUEVA CONTARSEÑA:

NOTAS:

WEB:

CORREO:

USUARIO:

CONTRASEÑA:

NUEVA CONTARSEÑA:

NOTAS:

WEB:

CORREO:

USUARIO:

CONTRASEÑA:

NUEVA CONTARSEÑA:

NOTAS:

WEB:

CORREO:

USUARIO:

CONTRASEÑA:

NUEVA CONTARSEÑA:

NOTAS:

WEB:

CORREO:

USUARIO:

CONTRASEÑA:

NUEVA CONTARSEÑA:

NOTAS:

WEB:

CORREO:

USUARIO:

CONTRASEÑA:

NUEVA CONTARSEÑA:

NOTAS:

WEB:

CORREO:

USUARIO:

CONTRASEÑA:

NUEVA CONTARSEÑA:

NOTAS:

WEB:

CORREO:

USUARIO:

CONTRASEÑA:

NUEVA CONTARSEÑA:

NOTAS:

WEB:

CORREO:

USUARIO:

CONTRASEÑA:

NUEVA CONTARSEÑA:

NOTAS:

WEB:

CORREO:

USUARIO:

CONTRASEÑA:

NUEVA CONTARSEÑA:

NOTAS:

WEB:

CORREO:

USUARIO:

CONTRASEÑA:

NUEVA CONTARSEÑA:

NOTAS:

WEB:

CORREO:

USUARIO:

CONTRASEÑA:

NUEVA CONTARSEÑA:

NOTAS:

WEB:

CORREO:

USUARIO:

CONTRASEÑA:

NUEVA CONTARSEÑA:

NOTAS:

WEB:

CORREO:

USUARIO:

CONTRASEÑA:

NUEVA CONTARSEÑA:

NOTAS:

WEB:

CORREO:

USUARIO:

CONTRASEÑA:

NUEVA CONTARSEÑA:

NOTAS:

WEB:

CORREO:

USUARIO:

CONTRASEÑA:

NUEVA CONTARSEÑA:

NOTAS:

WEB:

CORREO:

USUARIO:

CONTRASEÑA:

NUEVA CONTARSEÑA:

NOTAS:

WEB:

CORREO:

USUARIO:

CONTRASEÑA:

NUEVA CONTARSEÑA:

NOTAS:

WEB:

CORREO:

USUARIO:

CONTRASEÑA:

NUEVA CONTARSEÑA:

NOTAS:

WEB:

CORREO:

USUARIO:

CONTRASEÑA:

NUEVA CONTARSEÑA:

NOTAS:

WEB:

CORREO:

USUARIO:

CONTRASEÑA:

NUEVA CONTARSEÑA:

NOTAS:

WEB:

CORREO:

USUARIO:

CONTRASEÑA:

NUEVA CONTARSEÑA:

NOTAS:

WEB:

CORREO:

USUARIO:

CONTRASEÑA:

NUEVA CONTARSEÑA:

NOTAS:

WEB:

CORREO:

USUARIO:

CONTRASEÑA:

NUEVA CONTARSEÑA:

NOTAS:

WEB:

CORREO:

USUARIO:

CONTRASEÑA:

NUEVA CONTARSEÑA:

NOTAS:

PRIMERA EDICIÓN: NOVIEMBRE DE 2024

DISEÑO Y CREACIÓN: TALLER DE LOS LIBROS, 2024

ILUSTRACIÓN DE CUBIERTA: LARISA MASLOVA - CREATIVE MARKET

PUBLICADO POR KITSUNE BOOKS
C/ ROGER DE FLOR N° 49, ESCALERA B, ENTRESUELO, OFICINA 10,
08013, BARCELONA
INFO@KITSUNEBOOKS.ORG
WWW.KITSUNEBOOKS.ORG

ISBN EDICIÓN CUBIERTA ROSA: 978-84-10164-27-7
ISBN EDICIÓN CUBIERTA LILA: 978-84-10164-32-1
THEMA: WZSJ
PREIMPRESIÓN: TALLER DE LOS LIBROS
IMPRESIÓN Y ENCUADERNACIÓN: LIBERDÚPLEX
IMPRESO EN ESPAÑA — PRINTED IN SPAIN